图书在版编目（CIP）数据

中国人的称谓 ／（新西兰）Victor Siye Bao，曾凡静编著.—北京：北京大学出版社，2010.5
（我的中文小故事33）
ISBN 978-7-301-17010-6

I.中… Ⅱ.①B… ②曾… Ⅲ.汉语–对外汉语教学–语言读物 Ⅳ.H195.5

中国版本图书馆CIP数据核字（2010）第035850号

书　　　　名：	中国人的称谓
著作责任者：	[新西兰] Victor Siye Bao　曾凡静　编著
责 任 编 辑：	贾鸿杰
插 图 绘 制：	Amber Xu
标 准 书 号：	ISBN 978-7-301-17010-6/H·2439
出 版 发 行：	北京大学出版社
地　　　　址：	北京市海淀区成府路205号　100871
网　　　　址：	http://www.pup.cn
电　　　　话：	邮购部 62752015　　发行部 62750672
	编辑部 62752028　　出版部 62754962
电 子 信 箱：	zpup@pup.pku.edu.cn
印　　刷　　者：	北京宏伟双华印刷有限公司
经　销　者：	新华书店
	889毫米×1194毫米　32开本　1.125印张　2千字
	2010年5月第1版　2020年6月第4次印刷
定　　　　价：	15.00元（含1张CD-ROM）

未经许可，不得以任何方式复制或抄袭本书之部分或全部内容。
版权所有，侵权必究　　举报电话：010-62752024
　　　　　　　　　　　电子信箱：fd@pup.pku.edu.cn

qù nián dào zhōng guó shàng hǎi lǚ xíng de shí hou,
去年到中国上海旅行的时候，
wǒ zài bǐ yǒu xiǎo míng jiā li zhù
我在笔友小名家里住。

一天来了两个客人，小名的妈妈让她叫叔叔和阿姨。

我在中文课上学过叔叔和阿姨,所以也没有多想。

过了几天,我和小名去逛街。

在路上，小名一会儿叫一个男人叔叔，

一会儿又遇见另外一个男人,小名又说:"叔叔好!"

我就觉得有点儿奇怪了,问小名:"他们都是你爸爸的哥哥或者弟弟吗?"

小名听了,一边笑一边告诉我说:"他们是我爸爸妈妈的同事。

叔叔

妈妈说我要懂礼貌,见到他们要喊叔叔的。"

听了小名的话,我有点儿糊涂了,

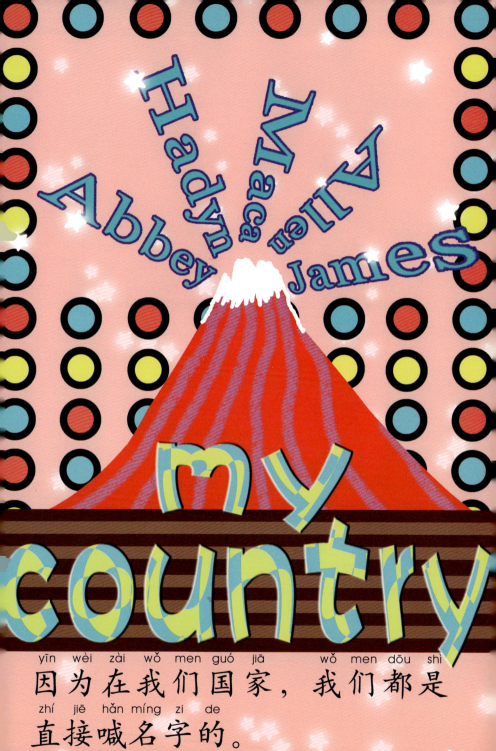

到了晚上,吃完晚饭以后,我们都坐在客厅里面聊天儿。

我突然想起早上的事情,就问小名的妈妈。

xiǎo míng de mā ma gào su wǒ　zài zhōng guó
小名的妈妈告诉我，在中国，
chēng wèi shì fēi cháng fù zá de
称谓是非常复杂的。

英文中只有uncle和aunt，不用管是爸爸的还是妈妈的兄弟姐妹。

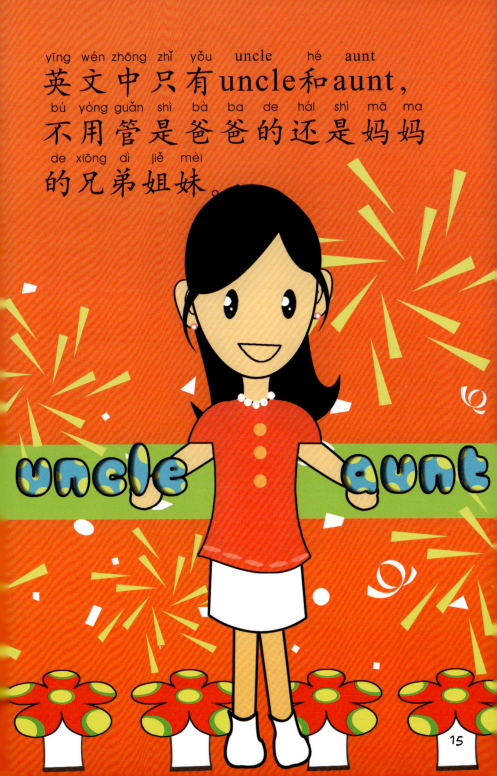

在中国，爸爸的哥哥叫伯父，

姐姐　妹妹

姑姑

bà ba de jiě jie hé mèi mei dōu jiào gū gu
爸爸的姐姐和妹妹都叫姑姑。

舅舅

mā ma de xiōng dì
妈妈的兄弟
jiào jiù jiu
叫舅舅,

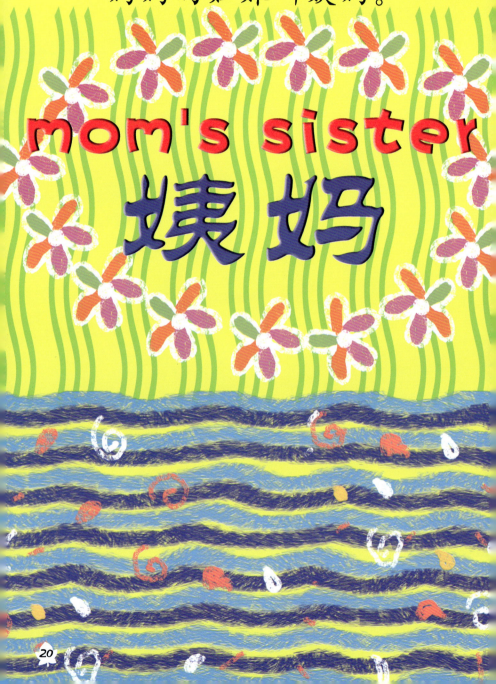

当然，英文中的cousin在中文中也有不同的说法。

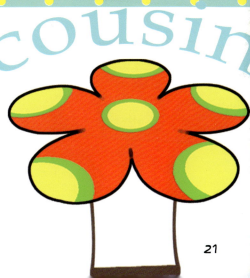

比如，爸爸的兄弟的儿子叫堂兄（哥）、堂弟，女儿叫堂姐、堂妹。

爸爸的姐妹的孩子就得叫表哥、表弟、表姐、表妹。

表哥

表弟

表姐

表妹

mā ma de xiōng dì jiě mèi de hái zi dōu jiào
妈妈的兄弟姐妹的孩子都叫
biǎo gē　　biǎo dì　　biǎo jiě　　biǎo mèi
表哥、表弟、表姐、表妹。

我越听越不明白,所以小名的妈妈就给我画了一张"家庭树"。

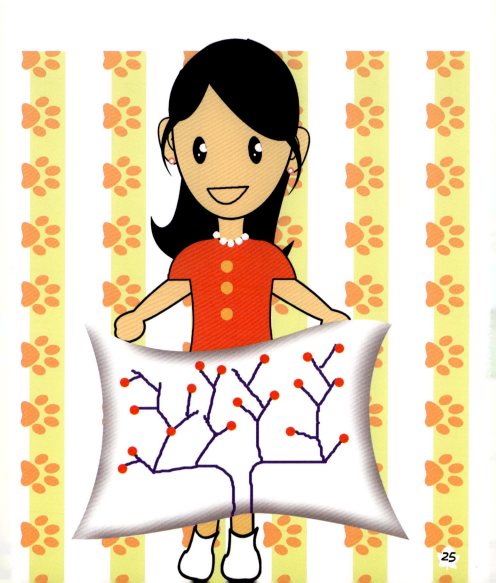

wǒ zhēn de xī wàng wǒ néng zǎo diǎnr gǎo míng bai
我真的希望我能早点儿搞明白。

去年到中国上海旅行的时候，我在笔友小名家里住。一天来了两个客人，小名的妈妈让她叫叔叔和阿姨。我在中文课上学过叔叔和阿姨，所以也没有多想。

过了几天，我和小名去逛街。在路上，小名一会儿叫一个男人叔叔，一会儿又遇见另外一个男人，小名又说："叔叔好！"我就觉得有点儿奇怪了，问小名："他们都是你爸爸的哥哥或者弟弟吗？"小名听了，一边笑一边告诉我说："他们是我爸爸妈妈的同事。妈妈说我要懂礼貌，见到他们要喊叔叔的。"听了小名的话，我有点儿糊涂了，因为在我们国家，我们都是直接喊名字的。

到了晚上，吃完晚饭以后，我们都坐在客厅里面聊天儿。我突然想起早上的事情，就问小名的妈妈。小名的妈妈告诉我，在中国，称谓是非常复杂的。英文中只有uncle和aunt，不用管是爸爸的还是妈妈的兄弟姐妹。在中国，爸爸的哥哥叫伯父，爸爸的弟弟叫叔叔，爸爸的姐姐和妹妹都叫姑姑。妈妈的兄弟叫舅舅，妈妈的姐妹叫姨妈。当然，英文中的cousin在中文中也有不同的说法。比如，爸爸的兄弟的儿子叫堂兄（哥）、堂弟，女儿叫堂姐、堂妹。爸爸的姐妹的孩子就得叫表哥、表弟、表姐、表妹。妈妈的兄弟姐妹的孩子都叫表哥、表弟、表姐、表妹。我越听越不明白，所以小名的妈妈就给我画了一张"家庭树"。我真的希望我能早点儿搞明白。

生词

1.	称谓	chēng wèi	appellation; form of address; title
2.	旅行	lǚ xíng	travel
3.	笔友	bǐ yǒu	pen-friend; pen pal
4.	客人	kè rén	guest
5.	逛	guàng	stroll; roam
6.	一边……一边……	yì biān... yì biān...	indicating two actions taking place at the same time
7.	懂	dǒng	understand; know
8.	礼貌	lǐ mào	manners; politeness; courtesy
9.	喊	hǎn	shout; cry out
10.	糊涂	hú tu	muddled; confused
11.	直接	zhí jiē	directly
12.	客厅	kè tīng	dinning room
13.	伯父	bó fù	uncle
14.	叔叔	shū shu	uncle
15.	姑姑	gū gu	aunt
16.	舅舅	jiù jiu	uncle
17.	姨妈	yí mā	aunt
18.	当然	dāng rán	sure
19.	说法	shuō fǎ	saying
20.	堂	táng	used to indicate relationship between cousins, etc. with the same paternal grandfather or greatfather
21.	表	biǎo	used to indicate relationship between the children or grand children of a brother and a sister of sisters
22.	越……越……	yuè...yuè...	the more... the more
23.	搞	gǎo	cause to become

涂鸦

请用称谓画出你的家庭树。

一、找出词汇

舅	名	字	伯
舅	称	谓	姑
父	母	姐	妹
叔	大	姨	夫

二、填字

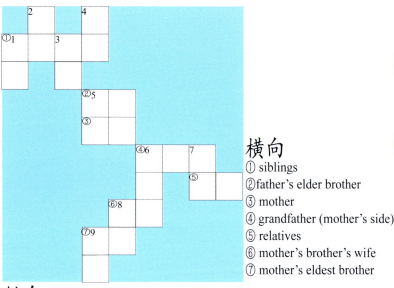

横向
① siblings
② father's elder brother
③ mother
④ grandfather (mother's side)
⑤ relatives
⑥ mother's brother's wife
⑦ mother's eldest brother

纵向
1. brothers
2. mother's brother's or sister's son (younger than me)
3. big sister
4. father's brother's or sister's daughter (younger than me)
5. big uncle's wife (father's side)
6. grandmother (mother's side)
7. father
8. mother's brother
9. big auntie

后　　记

　　这次创作和以往的不同，是一个充满乐趣的过程。很多故事都是笔者在近20年的对外汉语教学中积累的材料。在撰写和编辑中，我仿佛回到了过去在不同国家教学的快乐日子。故事中的人和事，常让自己不由自主地大笑起来。

　　让我感到非常幸运的是，在编写、出版这套小书的过程中，我能够和一群可爱而充满活力的年轻人合作。第一次和邓晓霞编辑见面时，我们谈起适合中小学生的汉语阅读书太少。于是，我们心有灵犀，在很短的时间里就完成了这套故事书的整体构思。可以说，没有晓霞，就不会有这套图书。我还要感谢贾鸿杰编辑，她为这套书的出版也付出了很多努力。

　　作为给年幼且汉语程度不高的孩子们写的故事书，插图在某种意义上比文字还要重要，所以我真的很幸运，得到了充满童心、阳光健康的画家徐媛的大力支持。我们在画面风格、内容等方面进行过充满乐趣的讨论，非常默契。

　　这套故事书能够出版，需要很多人的付出。另外两位是我从未谋面的、负责排版的张婷婷和张雷，我们通过网络联系，现在已经是非常好的朋友。正是因为有这么好的团队，我有了继续写作的动力，相信我们今后的合作会更加愉快。

　　在这套故事书编辑和出版的过程中，我的孩子Justin出世了，让我感到双倍的快乐。

　　如果读者需要，这套书会一直出版下去。首先出版的20本，希望能得到广大读者的反馈，使后面的故事更能满足读者的要求。

　　欢迎和我联系：victorbao@gmail.com。

Victor

首期推出以下20本

我的中文小故事

1. 小胖
2. 两个轮子上的国家
3. 看病
4. 弟弟的理想
5. 我的中文老师
6. 为什么要考试
7. 奇怪的讨价还价
8. 美国人在北京
9. MSN
10. 中国菜
11. 伦敦的大雾
12. 跟老师打赌
13. 快乐周末
14. 中国书法
15. 两个新同学
16. 母亲节的礼物
17. 没有雪的圣诞节
18. 最早的独自旅行
19. 寻找宠物
20. 学校的运动会